sband

eaaid

Jan

Boris

GESCHREVEN

stampt

pluimstaart

geaaid

halsband

klotst

Lieneke Dijkzeul

IJs

met tekeningen van

René Pullens

STICHTING NEDERLANDSE
KINDERJURY
2006

Boeken met dit vignet zijn op niveaubepaling geregistreerd
en gecontroleerd door KPC Groep te 's-Hertogenbosch.

1e druk 2005

ISBN 90.276. 6206.1
NUR 282/286

© 2005 Tekst: Lieneke Dijkzeul
Illustraties: René Pullens
Samenleestips: Monique van der Zanden
Vormgeving: Lasso CS
Lettertype Read Regular: Natascha Frensch
Uitgeverij Zwijsen B.V. Tilburg

Voor België:
Zwijsen-Infoboek, Meerhout
D/2005/1919/406

Inhoud

1. De fiets

De school is uit.
Boris staat op het schoolplein.
Naast hem staat Jan.
Ze kijken naar het rek.
Daar hoort de fiets van Boris te staan.
Maar de fiets staat er niet.
Hij is weg.
'Mijn fiets!' schreeuwt Boris.
'Mijn fiets is weg!'
'Gejat,' zegt Jan.
'Hij is vast gejat.
Stond hij op slot?'
'Ja,' zegt Boris.
'Ik zet mijn fiets altijd op slot.'

Ze kijken elkaar aan.
'Wat doen we nou?' vraagt Boris.
Hij moet bijna huilen.
Bijna.
Net niet.
'Zoeken,' zegt Jan.
Hij staat vast wel ergens.
Kom op!'

Ze zitten op Jans fiets.
Ze trappen om de beurt.
Eerst Jan.
Dan Boris.
Ze fietsen straat in, straat uit.
Maar nergens zien ze de fiets van Boris.

'Ik heb geen zin meer om te zoeken,' zegt Jan.
'Die fiets vinden we toch niet.
Ga je mee naar het meer?
Kijken of het ijs al dik genoeg is?'

Ze fietsen naar het meer.
Boris kijkt nog steeds om zich heen.
Maar zijn fiets ziet hij nergens.

Bij het meer is het stil.
Er is geen mens.
De wind ritselt door het riet.
Het ijs is zwart.
In het ijs zitten witte rondjes.
Jan bukt zich.
Hij pakt een steen.
Hij gooit de steen op het ijs.
Het ijs kraakt.
Maar het scheurt niet.

'Het is vast sterk genoeg,' zegt Jan.
Hij stampt op het ijs.
Het ijs beweegt.
Er springt een scheur in.

'Niet doen!' roept Boris.
'Je zakt er zo doorheen!'
Jan gooit nog een steen.
Een grote.
De steen knalt op het ijs.
Het ijs blijft heel.
'Zie je wel?' zegt Jan.
'Het kan best.'
Hij zet een voet op het ijs.
Maar dan zegt Boris:
'Moet je die hond zien!'
Jan trekt zijn voet terug.
'Waar?'
'Daar!'

2. Het wak

In de verte staat een hond.
Een grote hond.
Een grote bruine hond.
Een hond met een pluimstaart.

De hond rent heen en weer.
Naar het ijs en terug.
Naar het ijs en weer terug.
De hond ziet Boris en Jan.
Hij staat stil en begint te blaffen.
Dan holt hij weer naar het ijs.
'Wat doet dat beest raar,' zegt Jan.
'Kom, we gaan kijken!'

Ze rennen naar de hond.
De hond blaft niet meer.
Hij jankt.
Heel hoog en heel schel.
'Wat is er dan, jongen,' zegt Boris.
Hij aait de hond over zijn kop.
Maar de hond wil niet geaaid worden.
Hij rent weer naar het ijs.
Daar kijkt hij om.

Hij begint weer te blaffen.
'Daar!' schreeuwt Boris.
'Er zit daar een wak in het ijs!'

Ze turen naar het wak.
Er verschijnt een hand in het wak.
Een kleine, witte hand.
De hand gaat heen en weer.
En dan verdwijnt hij weer.
Het water wordt weer stil en donker.

3. De hond op het ijs

'Er is iemand door het ijs gezakt!' roept Jan.
De hond piept en jankt.
Hij heeft een blauwe halsband om.
Aan de halsband zit een riem.
Boris zet zijn voet op de riem.
Het is een lange riem.
Zo een die je uit kunt schuiven.
Boris raapt de riem op.
'Zoek!' schreeuwt hij.
De hond kijkt hem aan.
'Zoek!' roept Boris.
Hij wijst naar het ijs.

De hond doet het meteen.
Hij stuift het ijs op.
'Straks zakt hij er doorheen,' zegt Jan.
'Rustig!' schreeuwt Boris.
Hij trekt aan de riem.
De hond staat even stil.
Hij kijkt om.
'Rustig!' roept Boris weer.
Hij kijkt naar het ijs.
Er springt een scheur in.

Precies waar de hond staat.
'Zoek!' roept Boris.

De hond loopt nu heel langzaam.
Hij loopt recht naar het wak.
Aan de rand blijft hij staan.
Jan en Boris kijken.
Het water is stil.
Er beweegt niets.
De hond kijkt om.
Hij blaft.
'Blijf!' roept Boris.
'Kijk, daar!' schreeuwt Jan.

4. Een klein meisje

Het water klotst.
Dan verschijnt er een hoofd in het wak.
Een klein hoofd.
Een hoofd met twee natte blonde staartjes.
'Pak!' gilt Boris.
De hond buigt zijn kop.
'Pak de hond vast!' schreeuwt Boris.
Er komt een handje uit het water.
Het handje graait naar de hond.
Het pakt de hond in zijn nek.
Aan zijn lange haren.

'Hier!' gilt Boris.
'Kom hier!'
De hond zet zich schrap.
Hij trekt en trekt.

Er komt nog een handje uit het wak.
En dan twee schouders.
'Hou vast!' gilt Boris.
Hij trekt aan de riem.
Zachtjes.
Niet te hard.

De hond trekt.
Maar zijn poten glijden weg op het ijs.
Hij kijkt om.
Zijn tong hangt uit zijn bek.
Hij piept.
Heel hoog en heel zielig.
'Hier!' schreeuwt Boris.
'Jan, trekken!'

Jan pakt ook de riem.
Samen trekken ze de hond naar zich toe.
Heel langzaam.

Er komt een klein lijfje boven water.
Een lijfje met een rode jas aan.
Een rode jas en een gele sjaal.
Het lijfje glijdt het ijs op.
'Hou vast!' gilt Boris weer.
Het ijs kraakt en scheurt.
Het lijfje verdwijnt weer half onder water.
'Het lukt niet!' zegt Jan.
Hij huilt bijna.
'Boris, het lukt niet.'
'Het lukt wel!' zegt Boris kwaad.
'Kom op, trekken!'
Ze trekken zo hard ze kunnen.

De hond glijdt naar hen toe.
Zijn nagels krassen over het ijs.
Hij trekt het meisje uit het wak.
Want het is een meisje.
Een klein meisje.
Met een rode jas aan, en een blauwe broek.

5. Brave hond

Een klein meisje.
Met een rode jas en een blauwe broek.
Ze hangt half in het wak.
Haar schouders op het ijs.
Haar benen in het wak.
De hond trekt en trekt.
Hij trekt het meisje uit het wak.
Op haar buik glijdt ze naar hen toe.
Steeds sneller.
Over het ijs.
Alsof het een spel is.

De hond krabbelt de oever op.
Boris bukt zich.
Hij grijpt het meisje bij haar arm.
Jan grijpt ook een arm.
Samen hijsen ze het meisje op de kant.

Daar staan ze dan.
Twee jongens.
Een natte hond.
En een nat meisje.
Het water stroomt uit haar jas.

Het meisje is klein.
Ze begint meteen te huilen.
Te huilen en te hoesten.
Er komt water uit haar mond.
'Waar woon je?' vraagt Boris.
'Parklaan,' huilt het meisje.
'Kom,' zegt Jan.
'We brengen je naar huis.'

Boris pakt de riem weer.
'Is die hond van jou?'
Het meisje schudt nee.
'Ik weet niet van wie hij is.'
Boris aait de hond over zijn kop.
De hond schudt zich uit.
Druppels stuiven in het rond.
Hij kijkt Boris aan.
'Brave hond,' zegt Boris.
'Brave hond.'

6. Een groot huis

Het meisje staat te druipen.
Ze rilt van de kou.
'Ze moet gauw naar huis,' zegt Jan.
'Anders wordt ze ziek.'
Hij trekt zijn jas uit.
Hij slaat hem om het meisje heen.
Ze nemen het meisje tussen zich in.
De hond holt vrolijk mee.
Naar de Parklaan.

Het meisje is heel klein.
Maar ze weet precies waar ze woont.
Ze blijft staan voor een groot huis.
'Hier woon ik!' roept ze.
Ze huilt niet meer.
Maar ze druipt nog steeds.

Ze bellen aan.
Een mevrouw doet open.
Ze schrikt.
'Maar Eva toch!' roept ze.
Ze slaat een hand voor haar mond.
'Wat is er gebeurd?'
Het meisje begint weer te huilen.

'Ik ging op het ijs,' snikt ze.
'Heel even maar.
En het kon best.
Maar toen opeens zakte ik erdoor!'

De mevrouw tilt Eva op.
Ze drukt haar tegen zich aan.
Dan kijkt ze naar Boris en Jan.
En naar de hond.
'Hebben jullie haar eruit gehaald?'
'De hond,' zegt Boris.
'De hond heeft haar eruit gehaald.'
Jan knikt.
'Wij hielpen alleen maar.'
'Kom gauw binnen!' zegt de mevrouw.
Ze is de moeder van Eva.
Dat kun je goed zien.
Ze heeft ook blond haar.
En net zulke blauwe ogen.
Boris schudt zijn hoofd.
'Ik wil naar huis.'
'Ik ook,' zegt Jan.
'Geef me dan je naam,' zegt de moeder van
Eva.
'En je adres.'
Ze geven hun naam.

En hun adres.
'Ik bel jullie,' zegt de moeder van Eva.
'En heel erg bedankt!'

7. Een mooie hond

Boris en Jan lopen de straat uit.
Boris heeft de hond aan de riem.
De hond loopt rustig mee.
'Van wie zou hij zijn?' vraagt Jan.
Boris haalt zijn schouders op.
'Weet ik niet.'
'Wat doen we nou met hem?' vraagt Jan.
'Hij kan niet met mij mee.
Mijn vader kan niet tegen honden.
Daar gaat hij van niezen.'
'Ik neem hem wel mee,' zegt Boris.
Hij aait de hond nog een keer.
Het is een mooie hond.
Het soort hond dat je wilt hebben.

Thuis kijkt mama verbaasd naar de hond.
'Maar Boris!' zegt ze.
'Wat ben je laat!
Wat is er gebeurd?
Hoe kom je aan die hond?
En hoe komt die hond zo nat?'
'Hij heeft een meisje gered,' zegt Boris.
'Uit een wak.'

'Was je op het ijs?' roept mama.
'Dat is nog niet sterk genoeg!
Dat wist je toch?
En die hond dan?'
Boris kijkt naar de hond.
De hond duwt zijn kop tegen hem aan.
'Lig,' zegt Boris.
De hond gaat liggen.
'Braaf,' zegt Boris.
'Boris!' zegt mama.
'Ik wacht!'

Boris zucht.
'We gingen niet naar het ijs,' zegt hij.
'We wilden niet naar het ijs.
Maar mijn fiets was weg, en toen …'
'Je fiets?' roept mama.
'Je fiets weg?'
'Ja,' zegt Boris.
'Hij was weg.
Hij stond niet meer op het plein.
Dus we gingen hem zoeken.
Jan en ik.
We hebben heel goed gezocht.
Maar we konden hem nergens vinden.'
'En toen?' vraagt mama.

'En toen gingen we even naar het meer.'
Mama schudt haar hoofd.
'Alleen maar even kijken,' zegt Boris vlug.
'Niet op het ijs.
En toen zagen we opeens die hond.
Hij blafte als een gek.'

8. Van wie is de hond?

Boris legt alles uit.
Van het ijs.
Van het wak.
Van de hond.
En van het kleine meisje in het wak.
Mama luistert.
'Wat knap!' zegt ze.
'Wat knap van die hond.
Van wie zou hij zijn?'
'Weet ik niet,' zegt Boris.
'Hij liep daar gewoon.
Er was niemand bij.'

De hond legt zijn kop op zijn poten.
Boris gaat bij hem zitten.
'Mam,' zegt hij.
'Mam, mag ik hem houden?'
Mama schudt haar hoofd.
'Toe nou,' zegt Boris.
'Het is een heel lieve hond.
Hij doet alles wat je zegt!'
'Dat zie ik wel,' zegt mama.
'Ik vind hem ook lief.

Maar je kunt hem niet houden, Boris.
Die hond is van iemand.
Kijk maar naar zijn riem.
En naar zijn halsband.
Hij is vast verdwaald.'

Mama maakt de halsband los.
De hond vindt het best.
Hij kwispelt met zijn staart.
En hij geeft een poot.
'Brave hond,' zegt mama.
'Hij is zo lief,' zucht Boris.
'Ja,' zegt mama.
'Hij is erg lief.
Maar hij is niet van ons.'

Mama kijkt in de halsband.
Er staat geen naam in.
En ook geen adres.

'Mam,' zegt Boris.
'Toe nou …'
'Nee,' zegt mama.
'Het kan niet, Boris.
Zijn baas zoekt vast naar hem.
Weet je wat?

Ik ga het asiel bellen!'

Mama belt het asiel.
Boris luistert mee.
Maar bij het asiel weten ze van niks.
Mama vertelt hoe de hond er uitziet.
En dat hij bij het meer liep.
En van de blauwe halsband.
Ze geeft haar naam en hun adres.
Dan hangt ze op.

Papa komt thuis.
De hond is er nog steeds.
Hij ligt lekker te slapen.
'Hoe komt die hond hier?' vraagt papa
verbaasd.
Boris legt het uit.
Van het meisje en het ijs en de hond.
En van zijn fiets.
'Wat een dag!' zegt papa.

9. Een nieuwe fiets

Boris geeft de hond te eten.
Bruin brood.
En ook wat groente.
De hond eet alles op.
Daarna gaat hij weer slapen.
Boris ligt naast hem op de grond.
Lekker warm tegen hem aan.
Hij gaapt.
'Jij moet naar bed,' zegt mama.
'En morgen gaan we je fiets zoeken.'
'Ik heb al gezocht,' zegt Boris.
'Maar hij was nergens.'
Hij gaapt weer.
Hij valt bijna in slaap.
Net als de hond.

De bel gaat.
Boris schrikt wakker.
De hond schrikt ook wakker.
Papa gaat open doen.
Er staat een meneer op de stoep.
'Ik kom mijn hond halen,' zegt hij.
'In het asiel zeiden ze dat hij hier was.'

'Loopt u maar mee,' zegt papa.
In de kamer blaft de hond.
'Hij hoort uw stem al,' zegt papa.

De hond springt tegen de meneer op.
'Rob, ouwe jongen!' zegt de meneer.
'Voortaan hou ik je goed vast.
Anders loop je weg.
En dan verdwaal je.
Dat weet je toch!'
De hond blaft en blaft.
Zijn staart zwiept heen en weer.
Hij geeft wel tien keer een poot.

Boris vertelt alles.
'Rob, je bent een held!' zegt de meneer.
Hij knuffelt de hond.
'Heel erg bedankt,' zegt hij.
Boris aait de hond nog een keertje.
En daarna neemt de meneer hem mee.

Stil zit Boris in de kamer.
Mama strijkt over zijn hoofd.
'Ik vind het ook jammer, Boris.
Weet je wat?
Als we je fiets niet kunnen vinden ...'

'Wat dan?' vraagt Boris.

Mama kijkt naar papa.

Papa knikt.

'Dan krijg je een nieuwe,' zegt mama.

'Die heb je wel verdiend.'

Papa lacht.

'Dat vind ik ook.

Je hebt een meisje gered.

En ook nog een hond!'

'En nu ga je echt naar bed,' zegt mama.

Maar dan gaat de bel weer.

Op de stoep staat een mevrouw.

'Ik ben de moeder van Eva,' zegt ze.

'Woont Boris hier?'

'Ja hoor,' zegt papa.

'Komt u binnen.'

De moeder van Eva geeft Boris een hand.

'Ik ga straks naar Jan,' zegt ze.

'Maar ik kom eerst bij jou.

Ik wil je graag iets geven.

Iets heel moois.

Iets wat je graag wilt hebben.'

Mama begint te lachen.

'Ik weet wel iets,' zegt ze.

'Een nieuwe fiets!'
Papa lacht ook.
'Wil je dat, Boris?'
Boris knikt.
Een nieuwe fiets is fijn.
Hij wil best een nieuwe fiets.
Maar toch …
Toch had hij liever de hond gehad.

Leestips

Leesplezier is bij het lezen het allerbelangrijkst! Een kind dat moeizaam leest, heeft wat handreikingen nodig om de fantastische wereld van boeken te ontdekken.

De cd bij dit boek is bedoeld als lekkere luister-cd.
Het eerste hoofdstuk is erop ingesproken.

 Boris en Jan proberen of het ijs al sterk genoeg is en zien er een hond: 'Waar?' 'Daar!'

Uw kind kan zelf verder lezen om erachter te komen wat die hond op het ijs doet …

> Daarbij kan het de flap van het boekje uitgevouwen houden.
> De plaatjes op de flappen en de pictogrammen ondersteunen het verhaal dat in woorden verteld wordt. Voor dyslectische kinderen is het plezierig door de plaatjes al gericht te worden op de inhoud van het verhaal. Daardoor wordt het lezen van de woorden makkelijker.

Samen lezen is heerlijk. Een goede manier van samen lezen is: om de beurt een bladzijde voorlezen. Het is belangrijk om ervoor te zorgen dat het lezen niet te moeilijk wordt voor het kind. Als iets niet lukt, kunt u het woord of de woorden gewoon voorzeggen. Voorzeggen is een goede manier om de letters bij uw kind in te prenten. Het is beter om fouten te voorkomen dan ze te laten optreden.

Het woord 'pluimstaart' kan heel erg moeilijk zijn. Als u merkt dat uw kind aarzelt bij zo'n woord, zeg het gerust voor. U kunt ook alleen het eerste stuk van het woord voorzeggen en uw kind het woord laten afmaken.

Laat uw kind zo nodig een regelwijzer gebruiken: een strook stevig papier met een gat ter grootte van één regel tekst.

Een heel fijne, effectieve leesmanier: u leest het boek **langzaam** (!) in op een bandje. Uw kind kan het bandje zo vaak het wil afspelen en zelf in het boek meelezen, zachtjes of hardop. U kunt het bandje naar believen 'aankleden' met muziek en geluiden (of laat uw kind hierbij

helpen!), maar zorg ervoor dat de tekst nooit dóór de muziek heen gesproken wordt.

Woordspelletje

Boris zoekt zijn fiets …

fiets

meisje

Boris

hond

Dyslectische kinderen hebben vaak een uitstekend geheugen. U kunt het nuttige (woordbeelden trainen) met het aangename verenigen met een *woordmemoryspel*. Maak kaartjes en schrijf er woorden op die in het boek *IJs* voorkomen (in duidelijke boekletters, of nog beter: print ze). Bijvoorbeeld: Boris, hond, meisje, wak, enzovoort.; van elk woord twee. Het woord 'fiets' mag vaker voorkomen, maar zorg voor een even aantal. Leg alle kaartjes ondersteboven op tafel. Nu mag ieder om de beurt twee kaartjes omdraaien. Zijn het twee dezelfde kaartjes? Dan mag de speler ze houden. Anders draait hij ze terug. Speel tot alle kaartjes weg zijn. Wie bemachtigt de meeste kaartjes? De fietskaartjes tellen dubbel!

Uittip

Een dyslectisch kind leert het beste door zelf doen en ervaren, met hoe meer zintuigen hoe liever. In het boek komt een knappe hond voor: hij redt een meisje! Honden kunnen nog veel meer. Bezoek eens een spectaculaire schaapshond-demonstratie, bijvoorbeeld in schaapskooi Mergelland in Epen of zoek naar een mogelijkheid in de buurt.
Gouden tip: als uw kind een spreekbeurt gaat houden, laat het dan zo mogelijk zijn informatie driedimensionaal opdoen, dus niet (alleen) uit boekjes maar door middel van museumbezoek, excursie, enzovoort. Een goede zoeksite is *www.uitmetkinderen.nl*

Lettertype

De boeken in deze serie zijn op een ruime manier opgemaakt om uw kind het lezen te vergemakkelijken. Daarnaast zijn het de eerste in Nederland die gedrukt zijn in Read Regular, een lettertype dat speciaal is ontworpen om mensen met dyslexie te helpen effectiever te lezen en te schrijven! Bezoek *www.readregular.com* voor meer informatie over dit lettertype, en ervaar zelf eens hoe een dyslectisch medemens een tekst ziet.

Meer informatie over dyslexie
Bezoek onze site op *www.zoeklicht-dyslexie.nl*

Naam: *Lieneke Dijkzeul*
Ik woon met: *Man (en kater Slofje).*
Dit doe ik het liefst: *Schrijven, natuurlijk! Maar ook lezen, drummen, steensnijden, tuinieren en wandelen.*
Dit eet ik het liefst: *Pastagerechten en vlammendheet Indonesisch.*
Het leukste boek vind ik: *Niet één, maar misschien wel honderd! Dus te veel om op te noemen.*
Mijn grootste wens is: *Een boek schrijven waar ik helemaal tevreden over ben. (Maar dat zal niet lukken.)*

Naam: *René Pullens*
Ik woon met: *Lia*
Dit doe ik het liefst: *Beeldhouwen, tekenen, schilderen, lezen en films maken.*
Dit eet ik het liefst: *Grieks, Chinees, hachee, alle soorten uitsmijters, kipgerechten, biefstuk, vis, teveel om op te noemen.*
Het leukste boek vind ik: *'Griezels' van Roald Dahl.*
Mijn grootste wens is: *Nog héél lang te kunnen doen wat ik het liefst doe.*